# UM OLHAR PARA DENTRO

## Reflexões sobre a vida



SARAH LIMA
MODESTE HERLIC

Goiânia
Edição do Autor
2023

*A todas as pessoas que, assim como nós, compartilham desse curioso olhar para o nosso infinito particular.*

## Projeções

Se vejo flor
É porque estou flor
Se vejo dor
É porque estou dor
Projeto fora o que estou dentro
Nesse eterno cinema da existência
Onde meu ser é autor, ator e projetista

***

## Para hoje

Confio no universo
Aprecio cada momento
Longe do medo
Passo o dia no contentamento
Sorrio para o desconhecido
Agradeço
Respiro fundo
Meu coração está calmo
Meu dia será belo

***

## Entrega

Não preciso fazer tudo sozinha
Posso parar por vezes
Ouvir os conselhos dos guias espirituais
refletidos na voz da minha intuição

***

## Se eu olhasse o mundo com mais atenção

Passei por quantas belezas
Sem poder contemplá-las?
Quantas maravilhas
Meu olhar deixou passar?
O que o mundo tem de mais belo
Aguarda ao meu lado
Para ser percebido
Hoje, vou abrir os olhos
Conversar, sereno
Andar, calmo
E perceber o necessário

***

# É hoje, é agora

Quem deixa o Amor para amanhã
Vive numa grande mentira
*"Deixar para amanhã"*
É uma ilusão do mental
Hoje e agora mesmo
Começo a jornada do Amor
Se eu deixar para amanhã
O barco da Felicidade me deixará
Para trás

***

## O que faço quando me perco

Quando, diante de mim, os mil caminhos que trilham a Terra se confundem, e não consigo mais identificar minha missão em meio à confusão, volto meus olhos para o céu e contemplo o rosto do não-manifesto. Assim, percebo através do semblante anil o caminho dos caminhos, a derradeira estrada que ruma à serenidade.

***

## Onde acontece a vida?

Nos detalhes
Nos detalhes
Quando nos entregamos
Aos pequenos momentos
É ali que a vida acontece

***

## Desapego

A mala de velhas roupas
Mesmo das mais especiais
Um dia precisa ir embora
Para um novo ciclo se iniciar
Para que eu possa
Passear no jardim da Beleza
Com uma nova vestimenta
Agora mais colorida

***

## Medito

Estou sereno
Medito
Estou calmo
A todo momento
Cuido do meu dia
Com carícias de alegria

***

## Um novo olhar

Tento não fazer disso tudo
Um atropelo de infortúnios
A expectativa só existe para ser quebrada
Novas perspectivas podem ser criadas
A qualquer instante
Tudo vai, volta e se renova
É uma lei da vida
Se entendo isso, aceito a dor
E evito o sofrimento

***

## Certa vez

No negro profundo do céu, as estrelas se uniram como uma guirlanda. Elas irradiaram todo o seu amor sobre mim, cantando: *"Escute! Escute! Quando você for rei de si mesmo, seremos sua coroa"*.

Oh! Como fiquei feliz naquele momento! *"Quero, sim! Quero, sim! Quero ser rei de mim mesmo"*, entoei, em surdina. E toda a paisagem virou uma joia de sinfonia.

***

## Aceito a vida como ela é

Ofereço às adversidades o meu perdão
Assim, vejo-me
Dando um regalo ao coração
Nadando em águas mansas
Voltando a falar de esperança

***

## Felicidade é quando me deixo calada

Para contemplar a vida
E junto a ela
Morremos a cada pôr do sol
E nos renovamos a cada aurora

***

## A boa pergunta

De onde estou, vejo o opulento sendo impetuosamente arrastado pelo anjo da morte

O moribundo olhou para trás e se entristeceu, percebendo a insignificância de todo o ouro que juntara.

Agora, pergunto a mim mesmo: *"Por que me canso tanto para ser rico?"*

***

## Escondo um lótus na minha algibeira

Quando dizem que meu corpo é sujo
Escuto sorridente e continuo meu caminho
pois lótus é filho do pântano.

***

## O melhor caminho

A jornada da vida parece longa,
e muitos caminhos enganam.
Mas no coração, está uma estrada feliz.
Por que eu não olho para lá?
Para dentro de mim

***

## Uma definição da vida

Por muito tempo, observei a existência e não vi a sua luz. Ouvi-a e não escutei sua canção.

Dado que hoje é o dia do recomeço, fecho os olhos por um instante. Respiro fundo, fundo até os confins da Alma. Inspiro e expiro, mansa e suavemente. Escapo aos meus medos, minhas crenças e limitações.

Assim, pela visão do coração, percebo que a vida é uma descoberta.

***

## Quando eu quero

Reconheço em mim
a capacidade de vencer qualquer obstáculo.
Tenho o dom de curar minhas próprias feridas.
Seja meditando profundamente,
ou tomando a iniciativa de pedir ajuda.
De ambos os modos,
tomo as rédeas da minha vida.

***

# Uma pluma

O que é verdadeiro é leve
Fluído como um rio alegre

Hoje, decidi ser uma pluma
Que levanta voo com um singelo respirar
Hoje, quero ser um dançarino
Vou me juntar ao astro dourado
E, com ele, bailar no alto

***

## A canção do vento

A mente convicta, apartada da Alma, tenta me convencer de tudo, mantendo-me numa corrida eterna, atrás daquilo que é ilusório.

Para minha sorte, posso dar ouvidos ao meu coração, todas as noites, quando me deito para escutar a canção do vento:

*"Você não é o insensato*

*Você não é a mente*

*Você não é o vassalo*

*Você é o mestre*

*O observador"*

***

## O entendimento

Rechaçar as adversidades não melhora ou reduz as provações.

Encarar o desconforto, como sendo uma oportunidade de crescimento, pode trazer outro significado à minha experiência.

***

## Uma mudança

O simples fato de trocar o "olhar" pelo "observar", pode mudar toda a minha perspectiva.

***

## As musas

Já se viu assim?
Na dúvida entre viver ou observar
Receber ou se doar
Ser ou estar...

Perguntas demais é perda de tempo
Quero me deitar, calada
E esperar ....
Esperar e esperar
Até que as musas da paciência venham
Cantar o Amor aos meus ouvidos

***

## Aprendendo a me ver

Quando me vejo
Consigo comparar
o "Antes" ao "Agora"
Consigo ver amadurecimento e amor.
Mas tudo isso,
*"só quando me vejo"*
Porque na maior parte do tempo
Desvio de mim

***

## Precipitações

Na ânsia, ao querer evitar o desconhecido
Privo-me do contato com o Divino
Que habita em mim

***

## Sempre pronta para recomeçar

Se o que vivi até hoje
Não agradou meu coração
Que eu não perca mais tempo
Que eu ajuste as velas
E recalcule as rotas
Quantas vezes forem necessárias
A vida é eterno movimento
A vida é uma guirlanda de danças

***

## Da gratidão

A cada momento
Fico grato pelo que sou
E pelo que tenho
O meu universo íntimo
Convida-me diariamente
A olhar para a Alma
E reconhecer toda a minha grandeza

***

## Deixo a vida me surpreender

Quando acredito que já sei de tudo
Fico fechada às novas experiências
Presa em velhas ideias
Perco a inocência da vida
Não existe mais surpresa
Tudo se repete e entedia
A existência perde a sua graça

Nesses momentos
A maior bênção que pode acontecer
É eu levar um tropeção
Dar com a cara no chão
E derramar aquelas certezas
Que já faziam morada
Dando espaço à revolução
Que a vida queria tanto me trazer
Mas eu só dizia "Não"

***

## Um presente

Digo “não” à angústia
Quero respirar e sonhar
Quero cantar e dançar
Com maneiras delicadas
E um corpo leve como uma rosa

***

## O mais perfeito jardim

Vou ali passear no jardim do Hoje

Quero me deleitar com a fragrância do Agora

Ah! Como é suave o sussurrar das árvores de cada instante!

Ah! como é viçoso o traje das flores de cada respiração!

A ilusão da mente está longe de mim

Posso regar as plantas de sabedoria, em paz

Assim, vou caminhando a passos pachorrentos

A paciência é minha espada!

A paciência é meu escudo!

E ando feliz, sorrindo para as pequenas criações do

universo.

***

## O que a Alma quer

Muitos homens louvam a Deus
Ora para pedir coisas materiais
Ora para agradecer pelo que receberam

Já a Alma livre só quer saber de tocar
Um alaúde dourado para as estrelas
Que se deitam como lótus no firmamento

***

## Uma definição do Amor

Toda a existência humana é nada senão o Sublime Amor que une o homem a si mesmo e ao próximo. Esse mesmo Amor cuida, adequadamente, da Mãe-Terra e alegra os espíritos de seus filhos humanos, animais, vegetais e minerais. O Amor une os povos e torna o mundo um lugar melhor para se viver.

Vamos amar, meu amigo?
O mar da Felicidade é infinito
Vamos nos jogar nesse regozijo
E molhar o espírito e o corpo
Com o deleitamento perpétuo?

***

## Outra definição do Amor

Entre os extremos,
o Amor é o caminho da verdade
É a doce flauta da Alma que toca
quando perdemos o rumo,
chamando-nos de volta,
tirando-nos do acostamento.

***

## Confio em mim mesma

Não desisto
Desse meu amor-próprio
Azul e infinito como um oceano
Cobrindo o meu âmago

Ainda posso fazer muito
Valsar com minha alegria
Sorrir para desconhecidos
Passear com a vitória
Sair com amigos
Na verdade
Tenho muitas uvas de Amor
Para oferecer ao mundo

***

## Quero amar

Quando abandono as ideias prontas, as certezas convictas, o olhar desconfiado e a fala orgulhosa — é quando estou pronta para receber o Amor.

***

## Como posso amar?

Sofri muito ao tentar aprender algo que não pode ser ensinado. Agora, sei:

*"Aprende-se a amar, apenas amando".*

***

## O vento da gentileza

Essa energia que pavoneia
Entre os seres de bom coração
Passou por mim e por você
Umas centenas de vezes
E continuará
Sempre que um de nós se esquecer
Ela voltará a nos recordar

***

## Um novo ciclo

No fim,
tudo recomeça
Sempre haverá mais uma oportunidade
de fazer o bem,
de fazer o certo,
de banir a mentira
de nossas vidas

***

## A aceitação

Quando me permito
ser quem sou
Aceito o outro
dando-lhe o regalo
de ser quem é

***

## A minha verdade

Ao trocar a "razão" pela "compaixão", encontro uma deusa em mim.

***

## O que sou?

*"Você é amor, pois só o amor cria.*

*É você que faz sua dor e sua alegria".*

Suponho que foi o coração que me respondeu.

***

## Nossa missão

Às vezes,
a vida se apresenta em nós
que precisam ser desatados
E somente nós
poderemos fazê-lo
Pois não há como delegar
nossa felicidade ao terceiro

***

## Uma consideração

O neófito na vida
que caminha pela Terra
deve,
antes de compreender o mundo,
conhecer a si mesmo.

***

Quando tudo se foi e não há mais nada a oferecer, o que se dá pela **coragem** é valioso como o ouro e pleno como o luar. Então, ajo com o coração e dou as costas ao julgamento.

***

## Um regalo de Amor

O sorriso é uma rosa que uma alma dá a outra.

***

## Da alma

Sou uma Alma
Imensa, ilimitada
Um mar infinito
Preso num barro

***

# Eu Sou

Ninguém nasce pronto
É o que dizem
Mas, no fundo, não há o que se tornar
Não há o que fazer
Basta Ser
E Eu já Sou
Só falta ME reconhecer

***

## A boa direção

Do lado de fora
A mente inquieta
Não me deixa sentir nada
Do lado de dentro
Vaga-lumes delicados e silenciosos
Mostram-me o caminho

***

## Em meu coração

Profundo
Leve
Infinito
Assim é o Ser que habita aqui dentro
Assim SOU EU

***

## O olhar da Alma

No quadro da eternidade, as cores são diversas, porém, a criação é uma. Da mesma forma, o pintor é UM. Sua tinta se chama *"Essência Divina"* e só pode ser vista pelos olhos da Alma ou pelo *"observar"* de quem ama.

***

## À minha amiga

A Luz que você vê no Sol
A Luz que você vê no outro
É sua!
Olhe-se no espelho, com compaixão
Como se fosse a primeira vez
E você verá o Amor

***

## Saber apreciar

São as pequenas coisas que confortam a Alma
Os mínimos detalhes, aquelas coisinhas
Somente quando paro para respirar
É que elas me são reveladas
Na magia da apreciação
De cada momento
De cada sorriso
De cada abraço
De cada gesto

***

## Por que corro tanto?

Quem nunca pensou em fugir?
Por outro lado, quem já se perguntou:
*"Estou fugindo de quê?"*
Em algum momento,
tenho que olhar para dentro,
aceitar e entregar.
Mas quando?

***

# Um olhar para dentro

— Se houvesse um caminho que acolhesse as minhas dúvidas mais profundas, eu o seguiria? — perguntei ao ancião.

— Ele existe, e é para dentro — respondeu o homem despreocupadamente.

***

## Meu segredo em momentos de inquietação

Quando paro a correria do dia
E me entrego ao desconhecido
Sinto o pulsar silencioso, mas gritante
Ondas que bailam de um lado para o outro
Ambíguas e perfeitamente conectadas
Na plenitude do meu Ser

***

## Sobre o EU

A Alma, que sou, pede celebração
Ela não é morna
Ela ama dançar e cantar
Ela é Tudo que há no universo
Dentro ou fora do corpo
Escondido ou revelado
É pura expansão

***

No âmago do ser, não há nada que o diferencie ou que o assemelhe a outrem.

***

## Sobre nós

Cada um de nós
é um copo de água cheio por si só
Só acredita ser uma metade
Aquele que ainda não se viu de verdade

***

Observar aquilo que me causa mal-estar, com **olhos inocentes**, como se fosse a primeira vez, me traz a candura da Alma que sou.

***

Enquanto penso muito
Algo sutil ressoa dentro de mim
*"Venha cá! Venha cá!*
*Venha para o seu centro*
*Venha para o momento*
*Seja presente aqui e agora*
*E veja seus problemas com clareza"*

***

## O questionamento

No desfecho da eterna busca, nada foi encontrado, como se tudo, que fora feito, nada valesse. Ando sem parar e a cada passo à frente, desando e vejo a memória do que aprendi retroceder. Talvez, eu precise fazer tudo ao contrário — *parar de vez; não me mexer mais; olhar para onde jamais olhei; assobiar com pássaros; deitar-me debaixo de um céu estrelado; respirar fundo; murmurar com o vento da noite e dormir em paz.*

***

## A atenção

Deixo o primeiro sopro da manhã acariciar meu rosto
Alegro-me, despretensiosa, ao ver o broto no jardim
Enrolo a ponta do cabelo
quando seguro a caneta para escrever
Há aquele sorriso de canto de boca
quando sinto a vida percorrer meu corpo
É a hora de deitar letras de Amor
num papel dourado

***

## O propósito

Perco muito tempo me perguntando sobre meu propósito de vida.
Todavia, falo no singular *"meu propósito"*.
Por que tenho que ter só um?
Num mundo de rara grandeza, pessoas tão distintas, lugares maravilhosamente escondidos, terras nunca exploradas, humanidades nunca reconhecidas.
Por que preciso de apenas um propósito?
Por que me enquadrar? Por que não viver sem limites?

***

Eu nem imaginava
Como poderia?
Sensata, ponderada, racional
Mas não há como fugir
Do que de dentro vem
Chega sem avisar
E ocupa o espaço
Cega os olhos de quem
Preparado não estava
Para ver tudo que brota ali
Que, de tão lindo,
Me calou...

***

## Controlar as coisas não é para mim

Não posso com certas forças do destino
Algumas quebram-me de jeito
Fazem-me lembrar que o controle
que tenho sobre as coisas...
Espere....
*"Controle?"*
Acreditava eu
que algum controle tinha?

***

## A unidade

A chuva — que rejuvenesce o mundo, refresca o corpo e renova o espírito — é homogênea. No entanto, quando eu a contemplo, silente, da minha janela, vislumbro uma legião de gotas de água, cada uma delas sendo incompleta e íntegra ao mesmo tempo.

***

## Não estou só

O que sei do Amor?
O que sei do Infinito?
O que sei do mundo?
Sou poeira perante a imensidão
Sou zeptosegundo perante a eternidade
Ainda assim, tenho algo aqui dentro
Tenho esse calor que me mantém
Tenho a sublime partícula que me conecta
a cada centelha do Universo
É por isso
Que não estou só

***

**Dia e noite, tudo uma coisa só**. E você, que percebe isso, tem um olhar aguçado para gozar o elixir da Beleza Divina.

***

## Pare e descanse

Não é preciso ir muito longe
Estamos a uma respiração do destino
Da essência que nos conecta a Tudo

***

O desejo mais profundo do meu coração
Não é um mistério
Ele já me foi revelado antes e ***milhões de vezes***
Eu já o conheci
Contudo, esqueci-me
Por isso é preciso
Voltar para mim

***

*"**Somos luzes** na mesma trajetória*
*Partículas Divinas com o mesmo propósito*
*Você pode não se lembrar agora*
*Mas está tudo aí dentro*
*Observe como frestas se abrem em você*
*E feixes de luz saem quando está feliz*
*É assim que é"*

***

## Não sou uma gota

## – Sou o Mar

A gota de água, que porta em seu íntimo o espírito do mar, nada significa até entremear-se a milhares de seus semelhantes para se tornar o próprio mar, imenso e infinito.

Quero muito reaver minha grandeza

Mas antes

Preciso me unir aos meus semelhantes

***

## Da solidão

A solidão não deveria ser temida
Nela me vejo
Nela estamos nós
Eu e todas as outras versões de mim

***

## Como é bom sentir o afago da vida!

Suave é a brisa que chega
para me lembrar que não estou só
acariciando o corpo e a alma
com mensagens do infinito
refazendo conexões comigo
numa espiral de serenidade

***

## O que sei do Darma

Tudo que eu queria
Era que fosse do meu jeito
Nem mais, nem menos
Mas quem disse
que a vida anotou meus pedidos
no balcão da reencarnação?

***

Meu amigo
O esforço pode parecer certo
Mas, lembre-se
Para formar o quebra-cabeça
as partes se encaixam naturalmente
como se estivessem se procurando
por toda uma vida

***

## A entrega

Quando bate aquela vontade de desistir
Recordo-me que existe uma ordem perfeita
cuidando de tudo
Ela só precisa
que eu não a atrapalhe
E que a deixe agir

## Há uma grande amiga dentro de mim

Ao cair de certa noite, a voz interna sussurrou-me:

— Venceu mais um dia de prova.

Ao alvorecer, a mesma melodia acariciou-me:

— Erga apenas os olhos, pois hoje sou suas asas.

***

## Um acontecimento

Certo dia, fui ao jardim do Silêncio e me sentei debaixo da árvore da Entrega. Fechei os olhos e cantei com o vento *"h-u-u-u-u-u-u-u-u"*, inspirando e expirando, devagar e suavemente, movendo os lábios com graça.

Em algum momento, escutei uma voz misteriosa, que dizia:

— Você jamais abriu os olhos para se deparar comigo e, assim, ouvir o cântico celestial, que alegra com sua excelsa melodia do Amor, a sinfonia que nunca fenece.

Essa frase foi o mais belo som que eu escutara até então. Deitei-me na grama suave e dormi como um bebê.

***

## Do universo

A tela azul acima de nossos olhos
Com rajadas brancas esfumaçadas
Arte viva da criação
Feita especialmente para nós
Dia após dia
Uma nova pintura
Feita sob encomenda
Aguardando um instante da nossa apreciação

***

## Ah, grande astro!

Tenho fascínio pelo Sol

Ou inveja...

Talvez seja porque ele nunca desiste,

ele sempre vem

Já eu…

***

## Para que serve a dualidade?

Luz e sombra
Paz e euforia
Só reconheço uma
Porque existe a outra
Todas dentro de mim

***

Não há fim sem começo
Vilão sem Mocinho
Céu sem inferno
Preto sem branco
O bom sem o mau
O feliz sem o triste
Não há isso sem aquilo
Eterna dualidade
Há que se despertar

***

# Harmonia

Entre todos os tempos e universos possíveis
A criação desejou que estivéssemos aqui e agora
Compartilhando da vida um do outro

***

## Tomando consciência

Quando dou atenção ao pensamento
de que existe algo de errado comigo
Projeto isso para fora
e vejo algo de errado no mundo
Isso corta minha conexão com o Divino
que me conecta a Tudo

***

O **Universo** está aguardando
minha reciprocidade
Ele me conhece e me chama pelo nome
Sempre quando dou ouvidos
Ao trinado dos passarinhos

***

## Não estou sozinha

Nunca estive sozinha
O Universo anda em minha sombra
Gradualmente, vou aprendendo a confiar nele

Um passo para trás
Não é um recuo
Não é desistência
É só um passo para trás
Para pensar
Para ver de longe
Para respirar
E mais que tudo
Para deixar a Vida agir

***

Quando está tudo parado
Quando estou sem rumo
Sem chão
Dou um passo para trás
Para pegar impulso
**Para dar espaço ao Universo**
Para não atrapalhar
A "*Força*" que está vindo me elevar

***

## Quando deixo acontecer

Quando aceito
o que me é apresentado
da forma que é
e paro de lutar
uma magia acontece:
*"a rendição à Vida*
*a confiança no caminho*
*a certeza da luz após a escuridão"*

***

**Como é bom abrir as mãos e relaxar um pouco!**
Principalmente quando o previsto não está acontecendo.

Quando abro as mãos,
Sinto a brisa passar suave entre meus dedos
Quando abro as mãos,
Vejo as trilhas realizadas que tanto me marcaram
Quando abro as mãos,
A tensão do aperto vai embora
Respiro fundo
E me acalmo
E me alegro
Tudo isso, só por abrir as mãos

***

## Já entendi que não adianta lutar contra os meus sentimentos

As emoções transitam no meu corpo
Como as energias que se movimentam no universo
Cessar o curso das emoções
É findar o fluxo da minha existência

***

## Um pensamento

Ainda que seja individual e único, o ser não é nada senão um grão de areia que caminha pelo deserto ou ainda uma gota de água num vasto oceano.

***

## O que sinto quando aceito minha imensidão

Sou uma Alma feliz e me pareço com o Supremo quando amo e cuido dos seres que me rodeiam.

***

## Uma nova resolução

Ao padecer muito, confrontando as ondas da vida, cheguei a uma conclusão: *"o curso do rio espelha a dança da vida"*. Então, doravante, serei um rio e irei até o mar do Descanso com coração aberto. É ali minha morada verdadeira.

***

## A seguir o que pensei, depois de um longo dia de contemplação:

Vejo os homens ao meu redor e amo todos eles como amo o Criador, o mesmo que há muito tempo me marcou o peito esquerdo com as letras douradas do Amor.

Oh! Irmãos, olhem para dentro de si e percebam as palavras reluzentes que ali estão eternamente gravadas.

***

## A perfeita ação na inação

Permito que o "observar" seja suficiente
Há momentos em que o "fazer nada"
é a única ação necessária

***

## Onde começa meu amor-próprio

Na magia da incerteza
Esconde-se o sublime tesouro
O poder de ouvir a mim mesmo
Aprender a confiar
A me aceitar e me olhar
Com atenção e empatia

***

## O que fazer com o tempo?

Esse tempo aqui é ligeiro, passageiro, fugaz
Ele não deve prender minha atenção
Minha atenção deve ser naquilo que fica,
que permanece
No sopro que pulsa dentro de mim

***

## Um amigo secreto

Momentos inquietantes vêm
Podem desestruturar a vida
Mas são nesses instantes
Que devo me concentrar
O silêncio já se revelou
Ele está comigo
É um grande amigo
Fecho os olhos e sinto-o
Volto a ter confiança no Divino

***

É somente na morada do **silêncio absoluto**, onde nenhum som é ouvido nem falado, que minha verdade reside.

***

Na sublime presença do silêncio, a verdadeira natureza das formas se revela.

***

## Em meu recôndito

Esse é o lugar
onde me recolho
para reestabelecer as energias
onde, de olhos fechados
acesso ao Remanso
e reconheço a paz

***

## Dilemas...

Lutar por uma coisa

Protestar por outra

Nossa essência não reconhece tais antagonismos

Nosso Ser é *simplicidade* e *mansidão*

***

## O mais belo espetáculo

No céu encantador
nuvens passeiam com trajes, cor de mel
É crepúsculo, é hora da arte divina
Quero me deitar na areia morna
perto do mar da Beleza
a contemplar essa maravilha

***

## Um pouco mais perto de mim

Posso ver com os olhos do coração
Ou com os olhos da matéria
A todo momento, fazemos boas escolhas
Mas existe um lugar de onde elas vêm
E é esse templo que acesso quando
Em contato comigo
Aceito-me sem julgamentos
E reconheço-me
Como verdadeiramente Sou

***

## Ao meditar

Sinto certo amparo espiritual

Sinto que não estou sozinha

Nunca estive

***

Quanto mais medito

Mais me descubro

Quanto mais amo

Mais me reinvento

***

Sempre que medito
Anjos se reúnem
Em minha algibeira
Para dançar e cantar
Com muita alegria

Por isso
Ao descerrar os olhos
Após o meu silêncio
Abro um belo sorriso

***

Um **manuscrito cintilante** transpira no meu coração. Sempre que quero lê-lo, recolho-me em algum lugar calmo. Fecho os olhos e coloco minha atenção no terceiro olho, o ponto entre as sobrancelhas.

Ali, abandono-me ao silêncio. E como gotas de água pingando, vou desvendando as linhas desse grande livro aos poucos.

***

**Debaixo do céu, tenho apenas um propósito:**

*"conhecer a mim mesma"*

Então, por que corro tanto

Para agarrar o que não é meu?

***

## Uma visita insólita

Certa vez, encontrei-me com a Alma num sonho. Estávamos sentadas ao redor de uma fogueira, no cimo de uma montanha. Ela me disse:

*"Eu, sua eterna amiga, livre, silenciosa e alegre, ando sempre com serenidade ao seu lado, amando-a e servindo-a, ainda que eu seja mestra de mim mesma e você, escrava de si mesma. Caminho ao seu lado como a brisa ao lado do vento. Canto-lhe a doce melodia da divina primavera, um regozijo para os seres conscientes do momento presente e um deleite infinito para os lábios amorosos".*

Um raio dourado adentrou meu quarto e se pousou no travesseiro. Meus cabelos sentiram uma deleitosa carícia. Assim, abri os olhos. O dia começou bem.

***

## A mensagem do meu coração

*"Ó Alma antiga, a eternidade nada mais é do que uma criança ao seu lado. Sou Amor, seu único amigo neste mundo pérfido, onde o esquecimento é seu maior inimigo. Quando o céu cair sobre a Terra e os oceanos cobrirem a vida, lembre-se de mim. Sou o pulsar do seu corpo e minha presença ao seu lado é um regalo para o espírito, um deleite infindável para os que amam a verdade".*

***

Só pode ser uma miragem esta **solidão** que me persegue como um vil pensamento.

Não estou sozinha.

Sei que o vazio absoluto está ao meu lado.

Não o vejo, mas o sinto.

Esse vazio é tudo e nada ao mesmo tempo.

Ouço-o, enquanto percebo o batimento do meu coração.

Não faz nenhum ruído, no entanto, é o som supremo.

Através dele, percebo as múltiplas vozes do mundo.

Vejo-as bailar suavemente em mim como as ondas do oceano, sussurrando aos meus ouvidos sua suave melodia.

Parece-me o cântico da divina aurora ou a poesia de um ser amoroso.

Deve ser a música que faz os rios bailarem quando se dirigem ao mar.

É essa voz que liberta o lótus do lodo.

Plural como o zumbido de abelhas.

Prazerosa como o som de uma flauta divina.

Essa sinfonia suprema acendeu o sagrado lume em meu coração e, desde então, conheço o regozijo do Amor.

***

Ó **Alma linda**, revestida de homem,
escute o gemido do seu coração
agoniado pela subjugação da roupagem.

Ó **Alma resplandecente**, sem cor, sexo ou raça,
ame a si mesma,
pois em seu coração se guarda
a Verdade das verdades.

Ó **Alma antiga**, ame o Universo, que é a Única e Sublime Verdade neste mundo e além dos horizontes.

Ó **Alma compadecida**, ame seus semelhantes,
pois são eles as minúsculas partículas do seu próprio ser.

Ó **Alma obsequiosa**, ame, respeite, organize,
proteja e busque se harmonizar com a natureza,
que é sua mãe gigante neste mundo efêmero.

***

**Instagram:**

@herlicpoemas

9 786500 699227

Printed by Libri Plureos GmbH in Hamburg,
Germany